Método para Gaita Diatônica
Luiz Marcondes

Volume 1

Nº Cat.: 346-M

Irmãos Vitale Editores Ltda.
vitale.com.br
Rua Raposo Tavares, 85 São Paulo SP
CEP: 04704-110 editora@vitale.com.br Tel.: 11 5081-9499

© Copyright 1998 by Irmãos Vitale Editores Ltda. - São Paulo - Rio de Janeiro - Brasil.
Todos os direitos autorais reservados para todos os países. *All rights reserved.*

Dados Internacionais de Catalogação na Publicação (CIP)
(Câmara Brasileira do Livro, SP, Brasil)

Marcondes, Luiz, 1975 -
Método para Gaita Diatônica : 1º Volume
Luiz Marcondes. -- São Paulo : Irmãos Vitale, 1998.

ISBN nº 85-7407-023-8
ISBN nº 978-85-7407-023-0

1. Gaita -Música - Método 2. Gaita - Estudo e ensino I. Título.

98-1429

CDD - 788.4907

Indices para catálogo sistemático:

1. Método de ensino para Gaita Diatônica : Música 788.4907

Prefácio

Observando a necessidade de criar um método que atendesse aos interesses dos iniciantes, resolvi buscar um material que, ao mesmo tempo, fornecesse subsídios teóricos e práticos. Entretanto, como o alvo são os iniciantes, o método deveria ser voltado em especial para a parte prática sem esquecer as noções fundamentais da teoria.

Assim, fui organizando a partir da minha prática como professor, exercícios que levassem a um desenvolvimento técnico, bem como a um aprimoramento do contato com o instrumento. O objetivo é criar uma intimidade maior com a Gaita, o que permitirá um aprofundamento aos interessados.

Este é o 1º volume deste trabalho, que visa preencher as lacunas existentes no mercado em relação a um instrumento pouco conhecido mas pleno de recursos como a Gaita.

A partir desta obra, espero poder formar novos gaitistas, explorando suas potencialidades em todos os sentidos.

Luiz Marcondes

Pequeno Histórico da Gaita

A Gaita moderna foi inventada em 1821 por um fabricante de relógios chamado **Christian Buschman**, a partir de um instrumento de palheta livre chamado *Sheng* (voz sublime) existente a alguns séculos. A princípio as Gaitas eram produzidas por relojoeiros como hobby, porém em 1857, **Mattias Hohner** decidiu manufaturá-las em grande escala.

A Gaita se espalhou pela Alemanha e o mundo com a imigração em massa dos alemães na segunda metade do século XIX.

Nos tempos da guerra civil americana a Gaita já estava bem estabilizada nos Estados Unidos, que é o lugar de onde o blues se originou.

A princípio o repertório neste país se consistia em música folk, músicas para violino, marchas, hinos e semelhantes; mas em algum lugar pelo caminho ela foi tomada pelos negros, onde previamente o potencial de um instrumento de Blues começou a aparecer; pois não há dúvidas de que as notas "Blue" da escala vocal africana, o gemido e o choro dos cortadores dos campos, poderiam ser reprodizidas com sucesso por este instrumento. Pelos anos 20, a Gaita Diatônica, também conhecida como Gaita Blues, já era muito conhecida no sul dos EUA.

Após a 2ª Guerra Mundial houve uma grande mudança da população negra da zona rural para os centros urbanos, especialmente Chicago. Começando pelos anos 30, quatro gigantes da Gaita Blues gravaram e tocaram em Chicago: **Sonny Boy Willian Som, Little Walter, Big Walter Horton** e **Rice Miller** (Sonny Boy Willian Som II).

Depois disso muitos músicos famosos como **Mick Jagger, John Lennon, Neil Young, Bob Dilan**, utilizaram a Gaita em suas músicas, ajudando assim estabilizá-la como um instrumento de Blues e Rock.

Com o recém ressurgimento do interesse pelo Blues (após os anos 80), o fato é que a Gaita Blues está seguramente plantada na cultura musical.

MÉTODO PARA GAITA DIATÔNICA

ÍNDICE DAS MÚSICAS

WHEN THE SAINT GO MARCHING IN	Popular Americano	pg. 15
ASA BRANCA	Luiz Gonzaga e Humberto Teixeira	pg. 17
CANTIGA DE NINAR	J. Brahms	pg. 18
OH! SUZANNA	Stephen Foster	pg. 20
CAMPTON RACES	Stephen Foster	pg. 21
OH! MY DARLING CLEMENTINE	Popular Norte Americano	pg. 24
BOOGIE	(versão adaptada)	pg. 25
ODE TO JOY (HINO A ALEGRIA)	L. van Beethoven	pg. 26
BOOGIE	(versão adaptada II)	pg. 27
THE MAGNIFICENT SEVEN	Elmer Bernstein	pg. 31
JINGLE BELLS	Popular	pg. 33
CANÇÃO DA DESPEDIDA	G. Burns	pg. 34
LUAR DO SERTÃO	Catulo da Paixão Cearense	pg. 36
O BIFE	Arthur de Lulli	pg. 37
BOOGIE MIX	(versão adaptada)	pg. 38
QUINDARO HORNPIPE	Samon Hornpipe	pg. 41
SHUFLE BLUES	Blues Tradicional	pg. 42
TEMA DE BLUES	*Adaptação* Luiz Marcondes	pg. 43

INTRODUÇÃO

Existem vários tipos de Gaitas:

- Diatônica (blues)
- Cromática
- Oitavada
- Contrabaixo

e outras para acompanhamento

A Gaita Blues é fabricada em 12 tonalidades:

```
         GRAVE                    AGUDO
┌─────────────────────────────────────────────────┐
│  G  A♭  A  B♭  B  C  D♭  D  E♭  E  F  F♯        │
└─────────────────────────────────────────────────┘
```

Obs.: a Gaita a ser utilizada neste curso será afinada em **Do maior** (C).
O tom Do maior é o tom central, sendo que para a direita ficam as notas mais agudas e para a esquerda as mais graves.

Aqui estão alguns modelos de Gaita Diatônica:

Honner (alemã)	Marine Band, Blues Harp, Pro Harp, Special 20, Golden Melody, Meister Klasse
Tombo (japonesa)	Lee Oscar, Folk Blues, Major Boy
Suzuki (japonesa)	Pro Master, Folk Master

Nomes e Valores das Figuras Utilizadas

Nos compassos com o denominador 4, que será o único utilizado, os tempos são os seguintes:

FIGURAS	NOMES	DURAÇÃO	PAUSAS
𝅝	semibreve	4 tempos	𝄻
𝅗𝅥	mínima	2 tempos	𝄼
♩	semínima	1 tempo	𝄽
♪	colcheia	½ tempo	𝄾
𝅘𝅥𝅯	semicolcheia	¼ de tempo	𝄿

Esquema das figuras e suas equivalentes divisões:

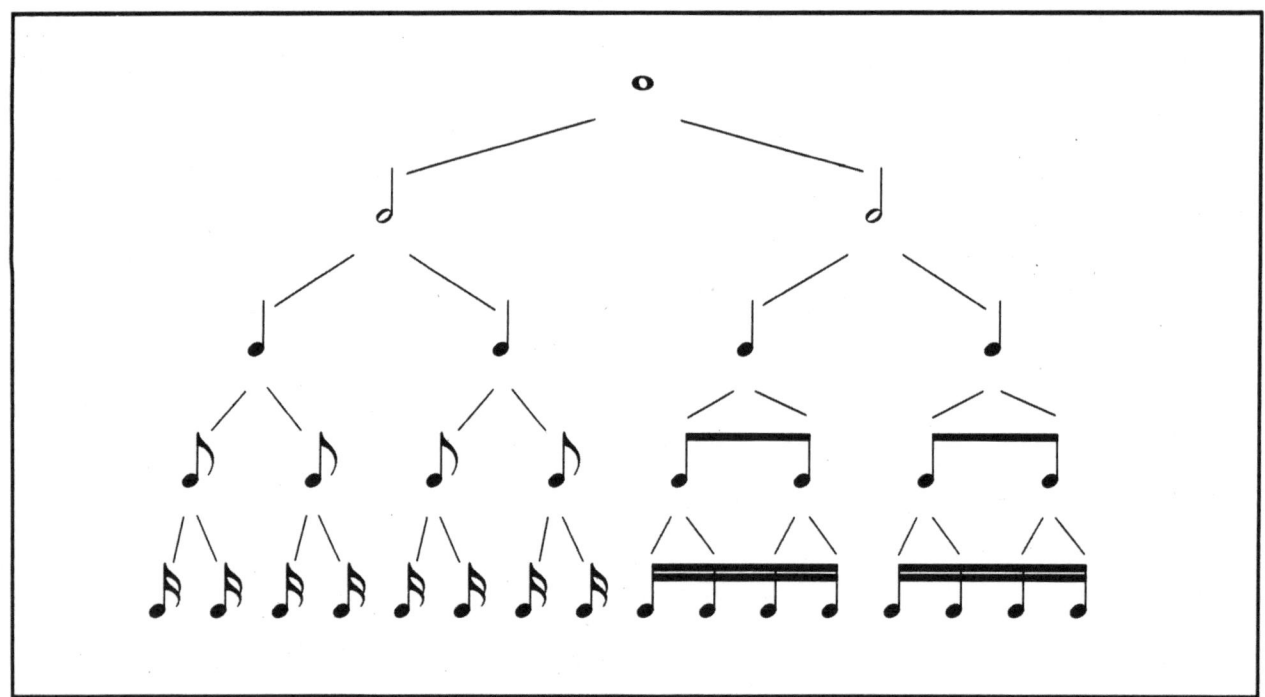

Figuras Pontuadas

Nas figuras pontuadas, soma-se a metade do seu valor a ela mesma.

Exemplo:

𝅗𝅥. = 2 + 1 = 3 tempos

♩. = 1 + ½ = 1 ½ tempos

♪. = ½ + ¼ = ¾ de tempo

Ligaduras de Valor

Ligadura de valor serve para unir ou somar as notas de mesma altura.

Exemplo: o ⌢ ♩

4 tempos + 1 tempo = 5 tempos

Figuras Compostas

Nas figuras compostas, conta-se mais de uma nota por tempo.

Exemplo:

♫ = 2 notas por tempo (♪ + ♪)

⸢3⸣
♫♪ = figura chamada *quiáltera*, executada como 3 notas iguais em 1 único tempo

♪♬ = 3 notas por tempo sendo que a primeira (mais longa) tem a duração de ½ tempo (colcheia) e as outras duas (mais rápidas) tem a duração de ¼ de tempo (semicolcheia) completando o outro ½ tempo.

♪.♬ = 2 notas por tempo, onde a primeira (mais longa) tem a duração de ¾ de tempo (colcheia pontuada, como foi mostrada acima) e a segunda (mais rápida) tem a duração de ¼ de tempo (semicolcheia).

Barras de Compasso

SIMPLES: separa um compasso do outro. Ex.:

DUPLA: separa um trecho ou período musical. Ex.:

FINAL: indica o fim da música. Ex.:

RITORNELLO: indica o trecho da música a ser repetido. A música passa pelo primeiro sinal e volta para ele quando chega ao segundo sinal.

Ex.:

OBSERVAÇÃO QUANTO AO RITORNELLO

Comumente aparecem junto aos sinais de Ritornello uma notação simbolizando que um determinado trecho da música será executado na primeira passagem, mas não na repetição. No exemplo abaixo, a casa 1 é executado na primeira vez, mas não na repetição, indo direto para a casa 2:

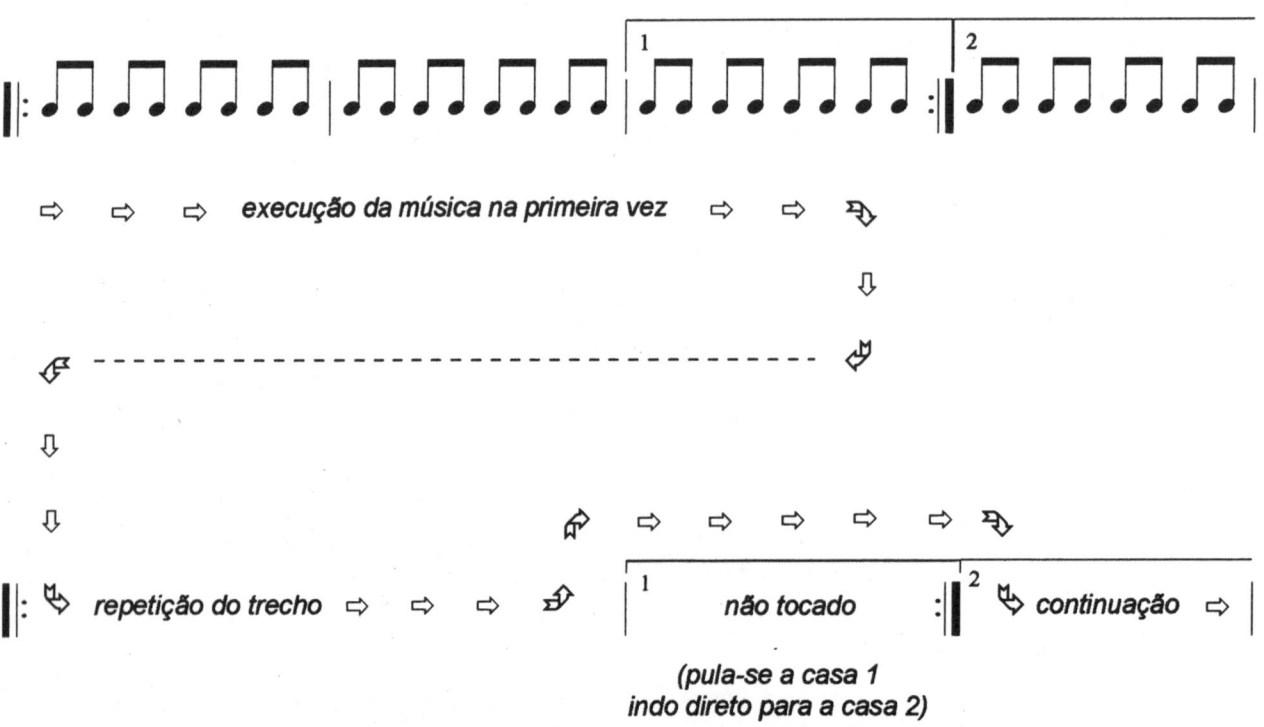

(pula-se a casa 1
indo direto para a casa 2)

A Gaita

Disposição das notas na Gaita Diatônica

Modo de segurar a gaita (EMPUNHADURA)

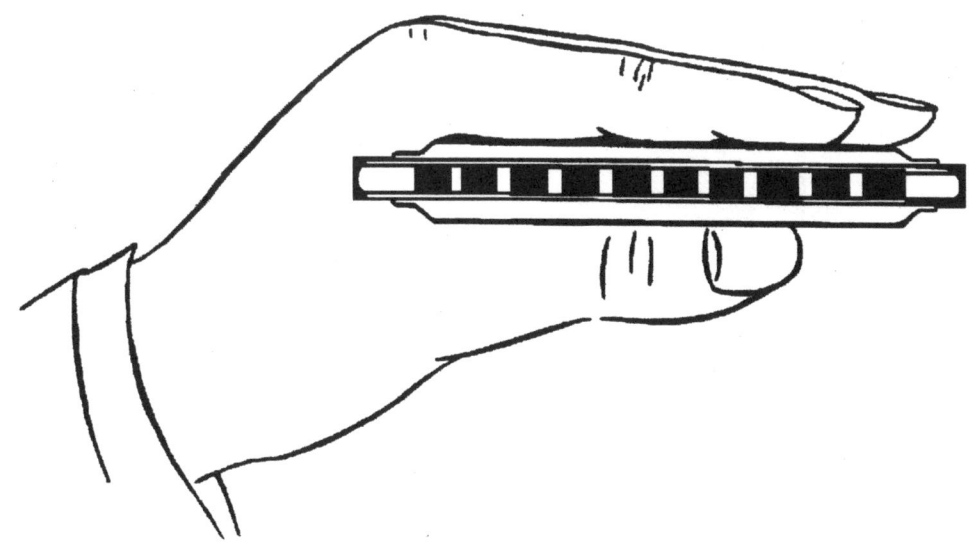

EMBOCADURA

A embocadura usada neste método é a embocadura de *bico,* consiste em que o aluno não misture as notas, tocando um orifício de cada vez.

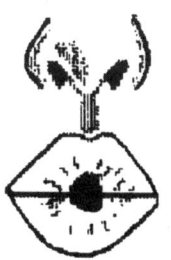

A Gaita Diatônica

A Gaita Diatônica é formada por três oitavas (grave - médio - agudo).

Escala Diatônica: DO   RE   MI   FA   SOL   LA   SI

A primeira escala a estudarmos será a segunda oitava da Gaita (escala média), que vai do orifício 4 ao 7, pois é a única escala completa, isto é, possui todas as notas (ver diagrama da Gaita).
As outras duas oitavas (1ª e 3ª) necessitam das "bend notes".

BEND NOTE: efeito que proporciona a obtenção de novas notas através da distorção de notas pré existentes.

O método de reconhecimento das notas nos orifícios será feita através de setas:

↑ SOPRAR

↓ ASPIRAR

A ESCALA MÉDIA DA GAITA (2ª oitava)

DO	RE	MI	FA	SOL	LA	SI	DO
4↑	4↓	5↑	5↓	6↑	6↓	7↓	7↑

EXERCÍCIO: Fazer a escala diatônica indo e voltando em ♩ , ♩ e o .

♩ ♩ ♩ ♩ ♩ ♩ ♩ ♩ | ♩ ♩ ♩ ♩ ♩ ♩ ♩ ♩
4↑ 4↓ 5↑ 5↓ 6↑ 6↓ 7↓ 7↑ 7↑ 7↓ 6↓ 6↑ 5↓ 5↑ 4↓ 4↑

♩ ♩ ♩ ♩ ♩ ♩ ♩ ♩ | ♩ ♩ ♩ ♩ ♩ ♩ ♩ ♩
4↑ 4↓ 5↑ 5↓ 6↑ 6↓ 7↓ 7↑ 7↑ 7↓ 6↓ 6↑ 5↓ 5↑ 4↓ 4↑

o o o o o o o o | o o o o o o o o
4↑ 4↓ 5↑ 5↓ 6↑ 6↓ 7↓ 7↑ 7↑ 7↓ 6↓ 6↑ 5↓ 5↑ 4↓ 4↑

A IMPORTÂNCIA DO ESTUDO

O estudo dos exercícios e músicas vão lhe proporcionar maior técnica de sopro e aspiração, velocidade, noção de espaço entre os orifícios e um conhecimento auditivo da Gaita.

FOLK e COUNTRY   - são estilos musicais semelhantes
                 - são geralmente tocados no mesmo tom da Gaita (escala diatônica)

Exemplo: Oh! Suzanna, Camptom Races, When The Saints Go Marching In, Quindaro Hornpipe, etc.

Obs.: todo 4 ↑ (soprado) é a nota da Gaita.

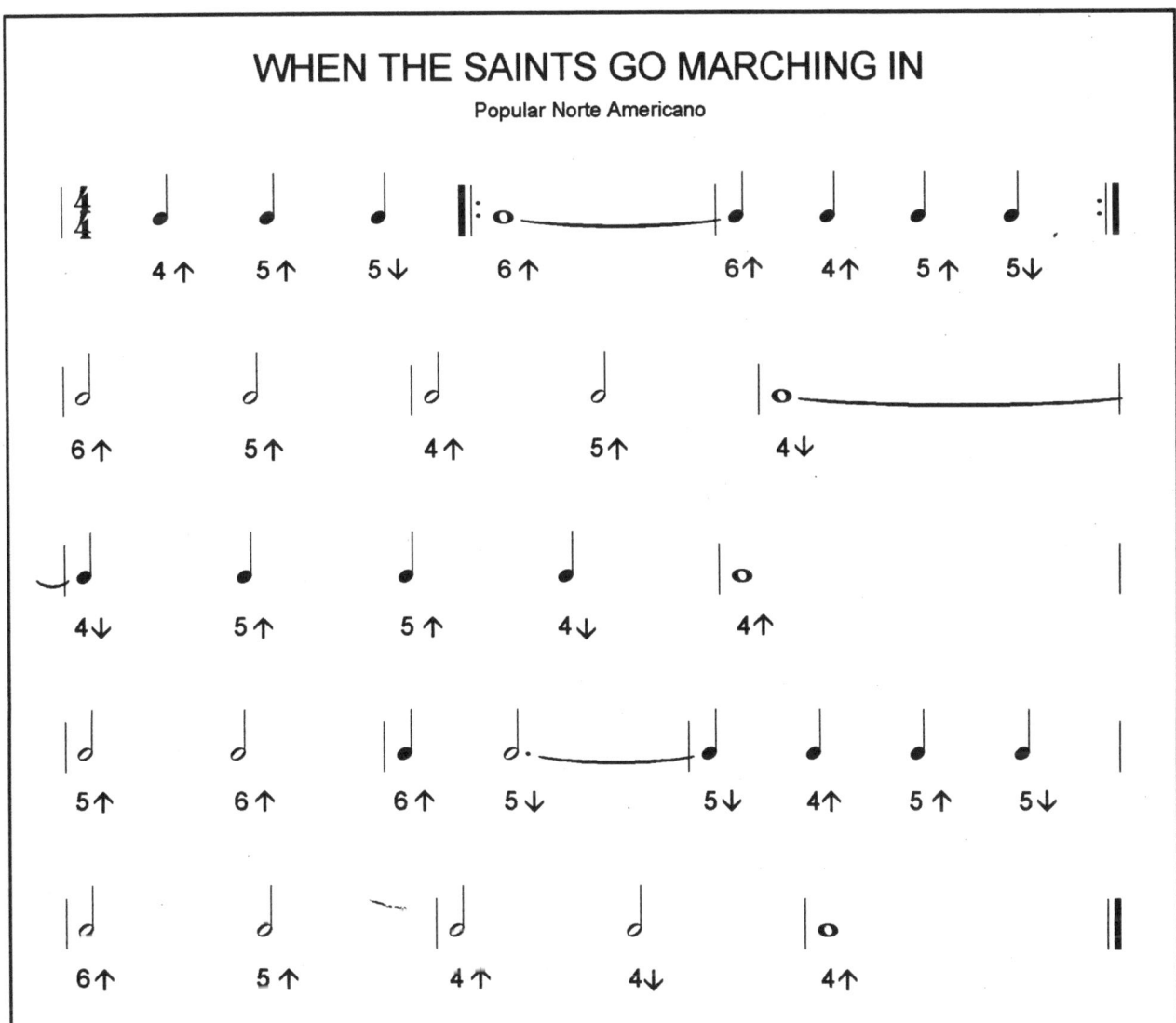

Obs.: Tanto a escala de Do maior, a música When The Saints Go Marching In e tudo o que for estudado no decorrer do curso, deverá ser feito no seu devido tempo.

DICA - bata o pé compassadamente quando tocar.

Técnica de Sopro

A força do sopro deve ser a mesma do aspirado, para que tanto a nota soprada quanto a nota aspirada soem com a mesma intensidade (volume).

EXERCÍCIO PARA DESENVOLVIMENTO TÉCNICO

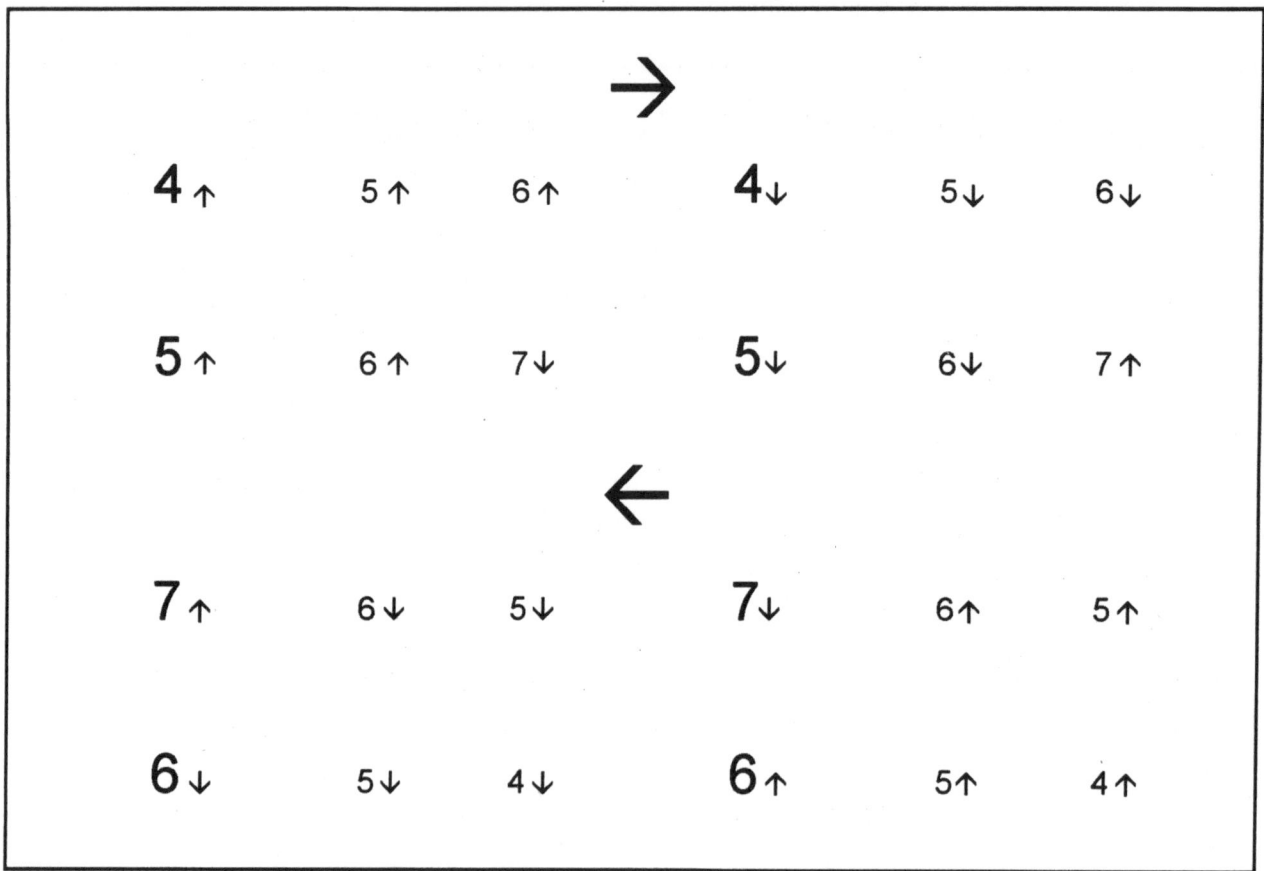

1º - fazer 1 nota por tempo

2º - fazer 3 notas por tempo

Obs.: para tocar 3 notas por tempo, não é necessário que se toque rápido e sim que a divisão seja correta: toque com a mesma velocidade de 1 nota por tempo e bata o pé a cada 3 (notas em destaque).

ASA BRANCA

Luiz Gonzaga e Humberto Teixeira

Obs.: este final foi adaptado à Gaita Diatônica permitindo sua execução sem a utilização de efeitos.
Notas substituidas: SI♭ por SI natural (7↓) e LA por SI (3↓).

CANTIGA DE NINAR

J. Brahms

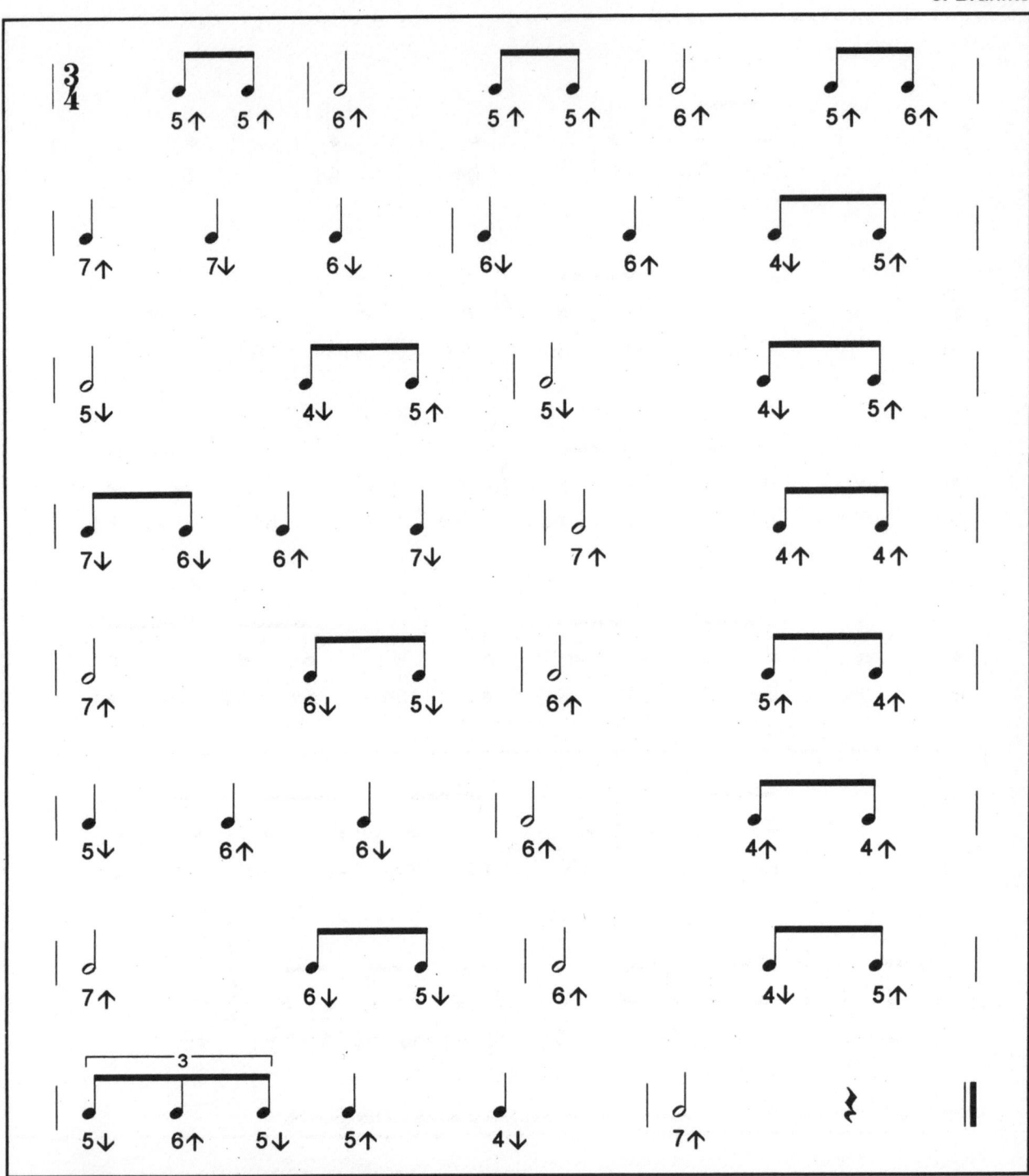

Obs.: o próximo exercício e os seguintes servirão não somente para o desenvolvimento técnico, mas também para improvisar. Por isso é importante que se dispense uma atenção especial a eles facilitando, assim, a improvisação.

Respiração Abdominal

- É usada por instrumentistas de sopro em geral.

- Contribui para a obtenção de mais fôlego enquanto se toca, deixando também o som do instrumento mais alto e nítido

EXERCÍCIO: Coloca-se uma mão no peito e a outra na barriga (abdômen). Respirar lentamente pela boca direcionando o ar como se estivesse soprando e aspirando na gaita, mexendo somente o abdômen. Esse exercício deve ser feito quando estiver deitado, todos os dias 15 minutos antes de dormir.

EXERCÍCIO PARA DESENVOLVIMENTO TÉCNICO E IMPROVISO
Salto de Terças

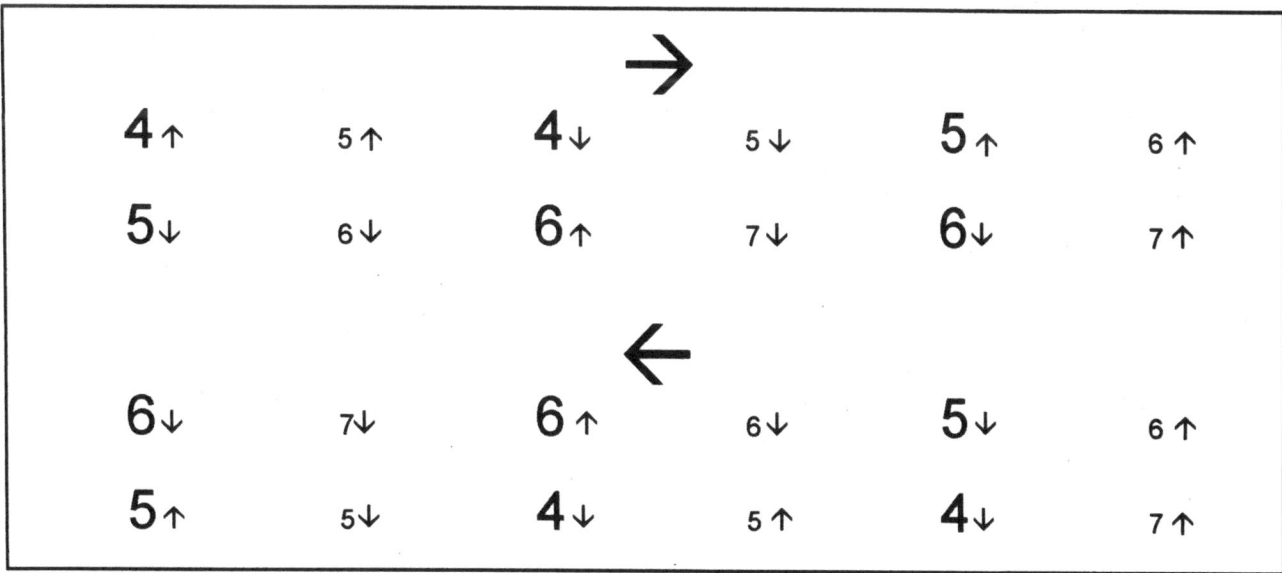

1º - fazer 1 nota por tempo ♩

2º - fazer 2 notas por tempo ♫

Obs.: - para tocar duas notas por tempo, não é necessário que se toque rápido e sim que a divisão seja correta.

- toque com a mesma velocidade de 1 nota por tempo e bata o pé a cada 2 (notas em destaque).

- é importante que a velocidade de execução aumente com a prática.

Cifras

São letras correspondentes às notas:

DO	RE	MI	FA	SOL	LA	SI
C	D	E	F	G	A	B

OH! SUZANNA

Stephen Foster

CAMPTON RACES

Stephen Foster

Staccato

Para tocar em Staccato, usa-se o ataque de garganta, "Ú" (soprado) e "Cá" (aspirado), fazendo assim a nota soar seca e com impacto.

SOPRADO - uma pequena tosse semelhante a um "Ú" que vem da garganta forçando levemente o diafragma.

ASPIRADO - consegue-se este efeito pressionando levemente o meio da língua contra o céu da boca, como se falasse "Cá" para dentro.

EXERCÍCIO PARA DESENVOLVIMENTO TÉCNICO E IMPROVISO
Pattern de 3 em 3 sobre a escala de DO (tercina)

→

| 4↑ 4↓ 5↑ | 4↓ 5↑ 5↓ | 5↑ 5↓ 6↑ |
| 5↓ 6↑ 6↓ | 6↑ 6↓ 7↓ | 6↓ 7↓ 7↑ |

←

| 7↑ 7↓ 6↓ | 7↓ 6↓ 6↑ | 6↓ 6↑ 5↓ |
| 6↑ 5↓ 5↑ | 5↓ 5↑ 4↓ | 5↑ 4↓ 4↑ |

1º - fazer 1 nota por tempo ♩

2º - fazer 3 notas por tempo ♪♪♪ (seguir orientação da pág. 16)

Obs.: a utilização correta do staccato influenciará diretamente o timbre tirado do instrumento e facilitará a execução de outros efeitos (extração de notas e vibrato gutural - 2º volume).

Primeira Oitava da Gaita Diatônica

A Escala de Do Maior da primeira oitava da Gaita Diatônica vai do orifício 1 ao 4, sendo que feita de uma forma natural, não existem as notas FA e LA. Todavia a nota SOL aparece duas vezes.

C	D	E	G	G	B	C
1↑	1↓	2↑	2↓	3↑	3↓	4↑

EXERCÍCIO PARA DESENVOLVIMENTO TÉCNICO E IMPROVISO DO ORIFÍCIO 1 AO 6

→

1↑ 2↑ 3↑   2↑ 3↑ 3↓   2↓ 3↓ 4↓

3↓ 4↓ 5↓   4↓ 5↓ 6↑

←

6↑ 5↓ 4↓   5↓ 4↓ 3↓   4↓ 3↓ 2↓

3↓ 3↑ 2↑   3↑ 2↑ 1↑

1º - fazer 1 nota por tempo ♩

2º - fazer 3 notas por tempo ♪♪♪ (tercina) (seguir orientação da pág. 16)

Obs.: se houver dificuldade de extrair a nota SOL (2↓), procure mudar a posição da língua enquanto aspira ou aspirar como se bocejasse (a garganta se abre como um bocejo). O excesso de pressão de ar deve ser evitado para que a nota soe limpa (deve-se procurar mais jeito do que força).

OH! MY DARLING CLEMENTINE

Popular Norte Americano

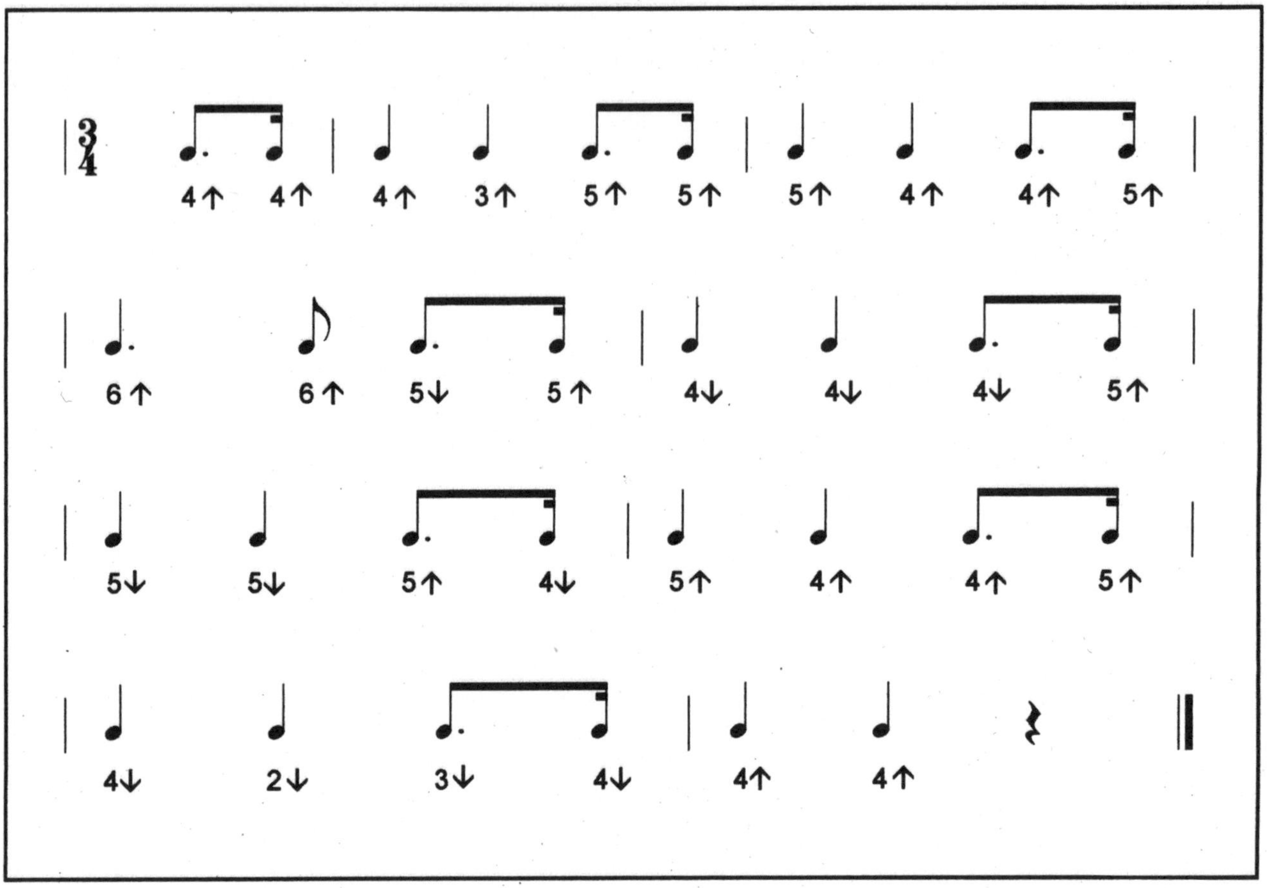

Ob.: toque usando os efeitos de garganta ("Ú" gutural) e língua ("Cá").

OBSERVAÇÃO QUANTO A FIGURA RÍTMICA:

Essa figura deve ser executada com precisão para que se caracterize o estilo musical que está sendo tocado.
(vide pág. 11 - Figuras Compostas)

BOOGIE
(versão adaptada)

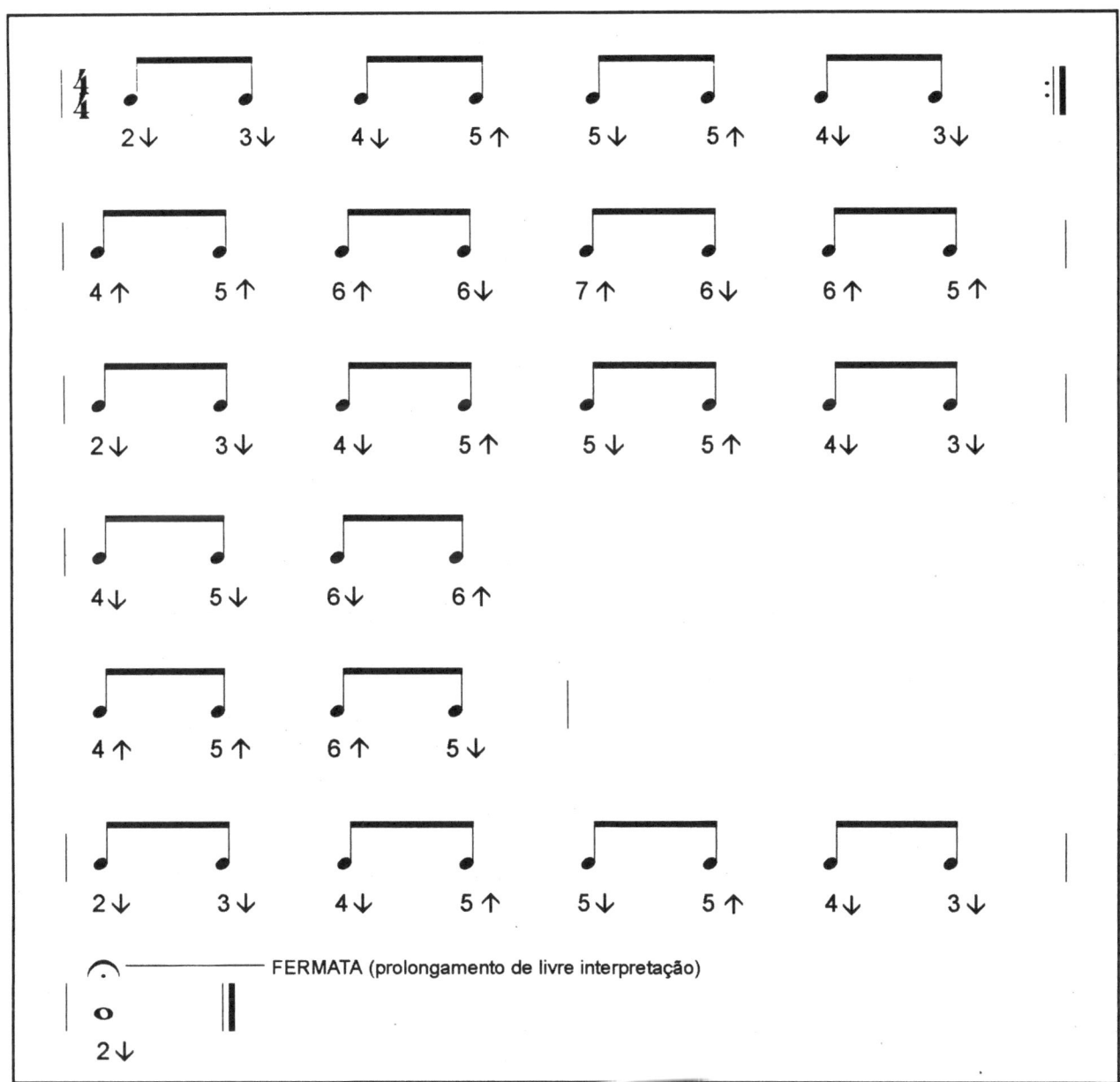

Obs.: 1- a figura de tempo utilizada nesta música será a colcheia ♪ , ou seja, 2 notas por tempo. Posteriormente serão passadas novas fórmulas.

2- a nota DO (7↑) está substituindo a nota SI♭ que aparecerá na oitava média da Gaita através do efeito de extração de nota "overblow", e nas oitavas grave e aguda com o efeito "band note" (2º volume).

ODE TO JOY (HINO A ALEGRIA)

Ludwig van Beethoven

4/4	5↑		5↓	6↑		6↑	5↓	5↑	4↓
	4↑	4↑	4↓	5↑		5↑	4↓	4↓	
	5↑		5↓	6↑		6↑	5↓	5↑	4↓
	4↑	4↑	4↓	5↑		4↓	4↑	4↑	
	4↓		5↑	4↑		4↓	5↑ 5↓ 5↑	4↑	
	4↓	5↑ 5↓ 5↑	4↓			4↑	4↓	2↓	
	5↑		5↓	6↑		6↑	5↓	5↑	4↓
	4↑	4↑	4↓	5↑		4↓	4↑ 4↑		

Método para Gaita Diatônica — Luiz Marcondes

BOOGIE

(versão adaptada II)

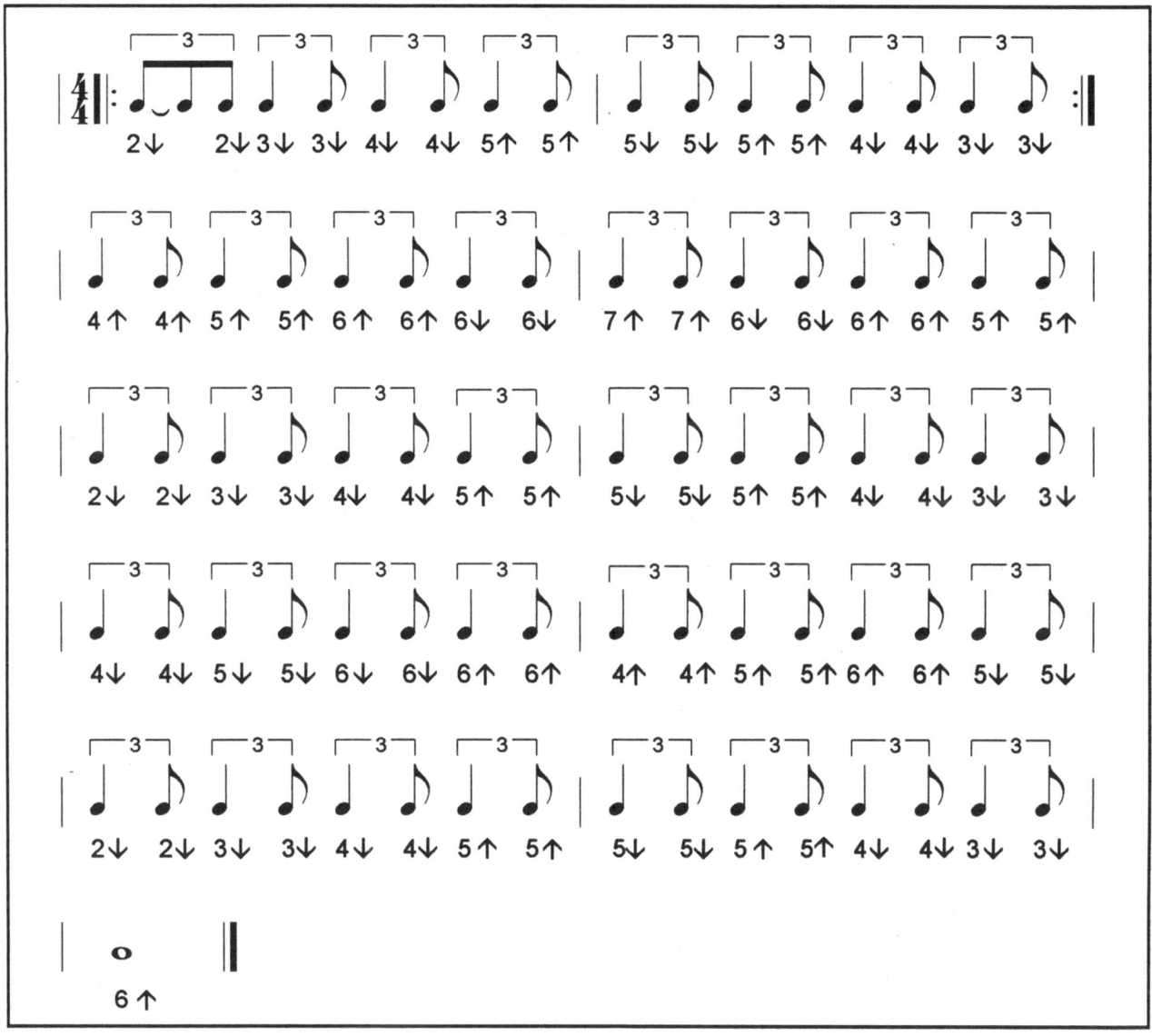

Utilizaremos no próximo exercício a subdivisão ternária, isto é, dividiremos a pulsação em 3 tempos. A figura rítmica é a tercina. Ela é representada por um grupo de 3 colcheias que valem cada uma 1/3 da pulsação (semínima).

No **Boogie**, por exemplo, as duas primeiras colcheias da tercina estão ligadas.
A representação utilizada será:

NOTA:

O aluno que se encontra nessa fase do curso deve dedicar atenção especial aos exercícios para desenvolvimento, pois eles trarão mais intimidade e técnica com o instrumento em menos tempo.

EXERCÍCIO PARA DESENVOLVIMENTO TÉCNICO E IMPROVISO
Phater de 4 em 4 sobre a escala de Do M

→

| 4↑ 4↓ 5↑ 5↓ | 4↓ 5↑ 5↓ 6↑ | 5↑ 5↓ 6↑ 6↓ |
| 5↓ 6↑ 6↓ 7↓ | 6↑ 6↓ 7↓ 7↑ | |

←

| 7↑ 7↓ 6↓ 6↑ | 7↓ 6↓ 6↑ 5↓ | 6↓ 6↑ 5↓ 5↑ |
| 6↑ 5↓ 5↑ 4↓ | 5↓ 5↑ 4↓ 4↑ | |

1º - fazer 1 nota por tempo ♩

2º - fazer 4 notas por tempo ♬♬

Obs.:   - para tocar 4 notas por tempo, não é necessário que se toque rápido e sim que a divisão seja correta.
   - toque com a mesma velocidade de 1 nota por tempo e bata o pé a cada 4 (notas em destaque).
   - é importante que a velocidade de execução aumente com a prática.

Efeito Wah - Wah

Este efeito é conseguido através de movimentos sucessivos de sua mão direita ou esquerda (abafando e liberando o som da Gaita), conseguindo assim o som wah - wah - wah...

O Wah - Wah é feito praticamente em todos os orifícios, mas é usado com mais frequência no orifício 4↓ (D).

O Wah - Wah é um dos efeitos mais usados na Gaita Diatônica, tudo que for tocado com esse efeito soará com um timbre diferente caracterizando mais o som do instrumento.

TRÊS FORMAS DE EXECUÇÃO DO WAH - WAH

1- de uma forma contínua, geralmente usado em notas mais longas ou continuamente enquanto se toca um tema.

2- tocando um wah - wah por nota, enquanto se improvisa ou na execução dos temas.

3- usar o wah - wah de uma forma que se dê rítmo ao que se toca (geralmente em notas mais longas).

POSIÇÃO DAS MÃOS PARA O EFEITO WAH - WAH

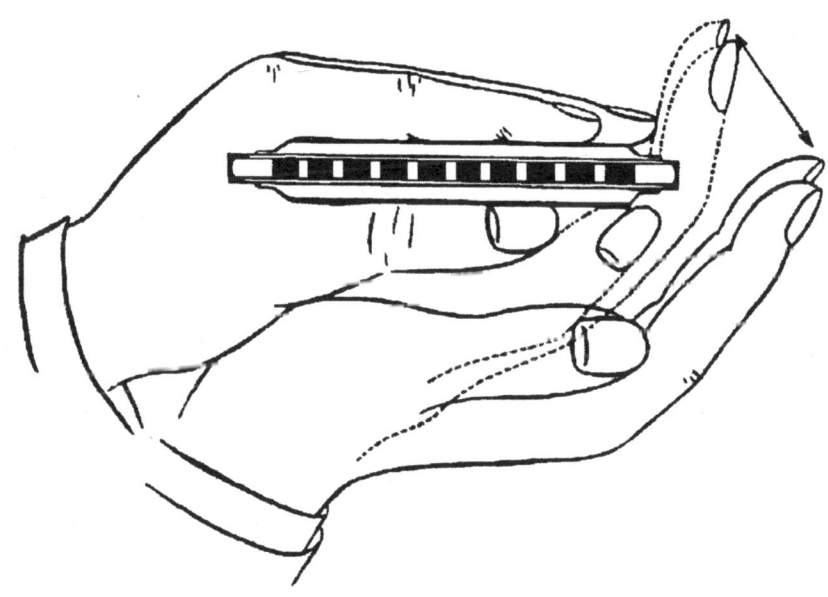

EXERCÍCIO

RIFF DE BLUES COM WAH - WAH

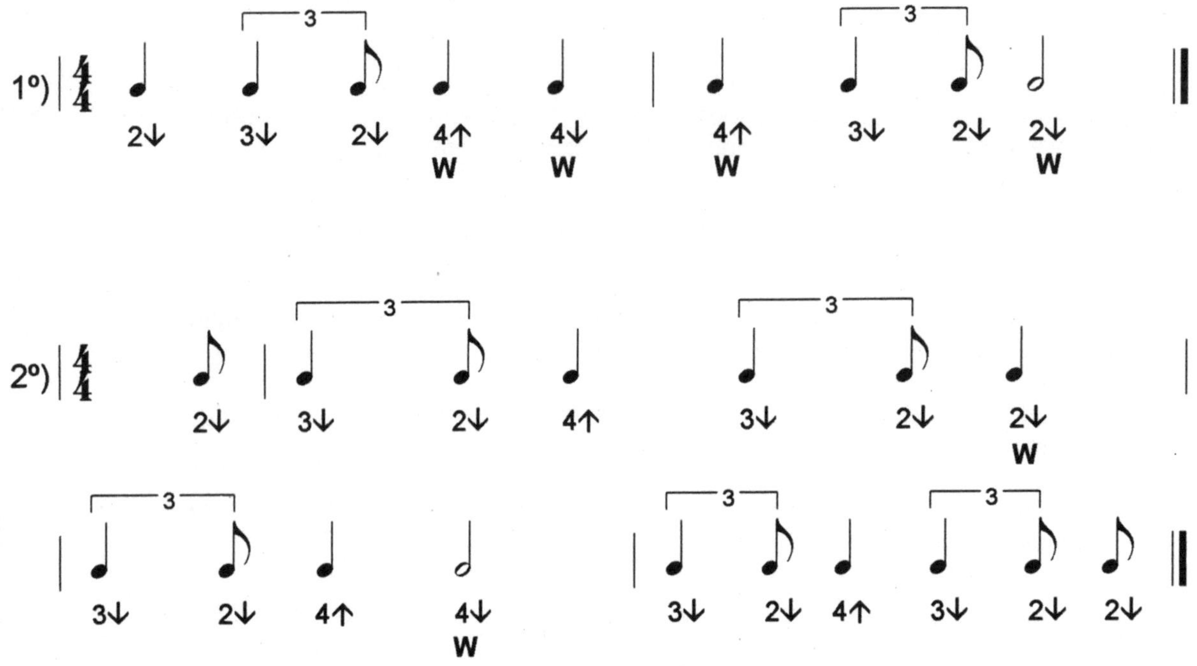

[Partitura musical com dois exercícios em 4/4 com notações de harmônica diatônica: setas para cima/baixo indicando sopro/aspiração e números indicando os furos, com marcações "W" para Wah-Wah]

1º) 2↓ 3↓ 2↓ 4↑(W) 4↓(W) | 4↑(W) 3↓ 2↓ 2↓(W) ||

2º) 2↓ 3↓ 2↓ 4↑ | 3↓ 2↓ 2↓(W) | 3↓ 2↓ 4↑ 4↓(W) | 3↓ 2↓ 4↑ 3↓ 2↓ 2↓ ||

(ao praticar o exercício, lembre-se de "bater o pé" para manter o ritmo.)

Obs.: o Wah - Wah deve ser desenvolvido não apenas de uma forma contínua (em notas longas), mas também um Wah - Wah por nota (em notas curtas)

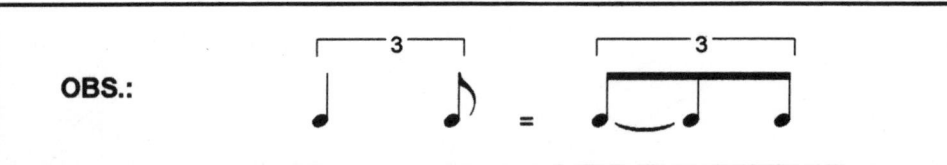

OBS.:

THE MAGNIFICENT SEVEN
Tema de Malboro

Elmer Bernstein

Terceira Oitava da Gaita Diatônica

A terceira oitava da Gaita Diatônica vai do orifício 7 ao 10, sendo que tocada de uma forma natural, não existe a nota SI (B).

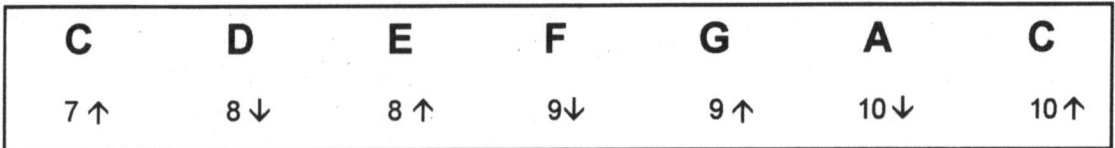

EXERCÍCIO

Fazer a 3ª oitava subindo e descendo, uma nota por tempo ♩

RIFF DE BLUES COM WAH - WAH

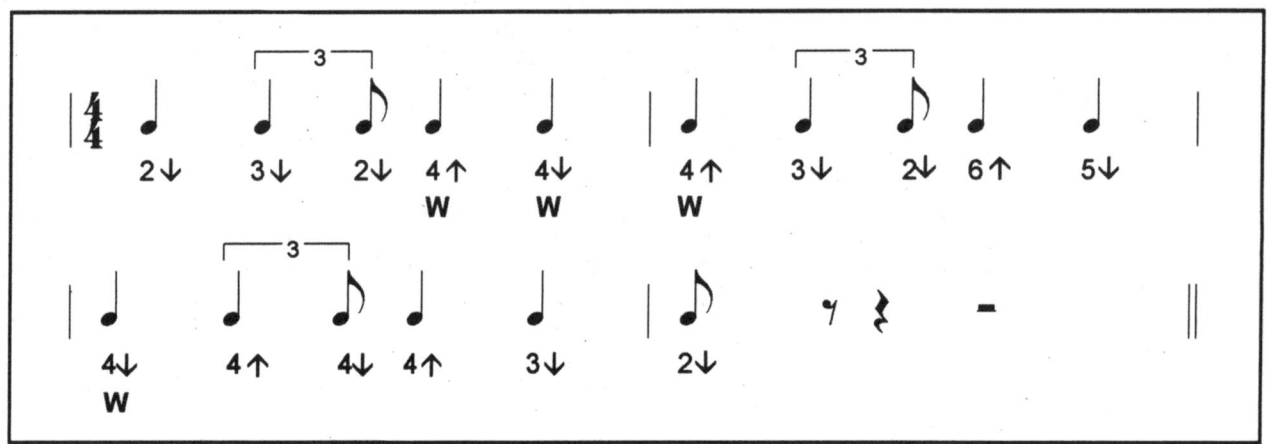

A Gaita Completa

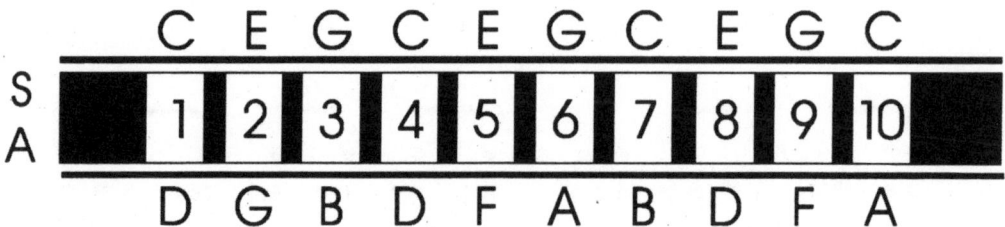

Obs.: o excesso de pressão de ar nas notas agudas pode ocasionar o travamento das palhetas, dando origem a um ruído semelhante à "microfonia", isto é, um assobio agudo. Para que isso não aconteça, o fluxo de ar deve ser semelhante a um bafo (como quando se limpa a lente de um óculos). O som será mais agradável quanto menos tenso estiver o gaitista.

JINGLE BELLS
Popular

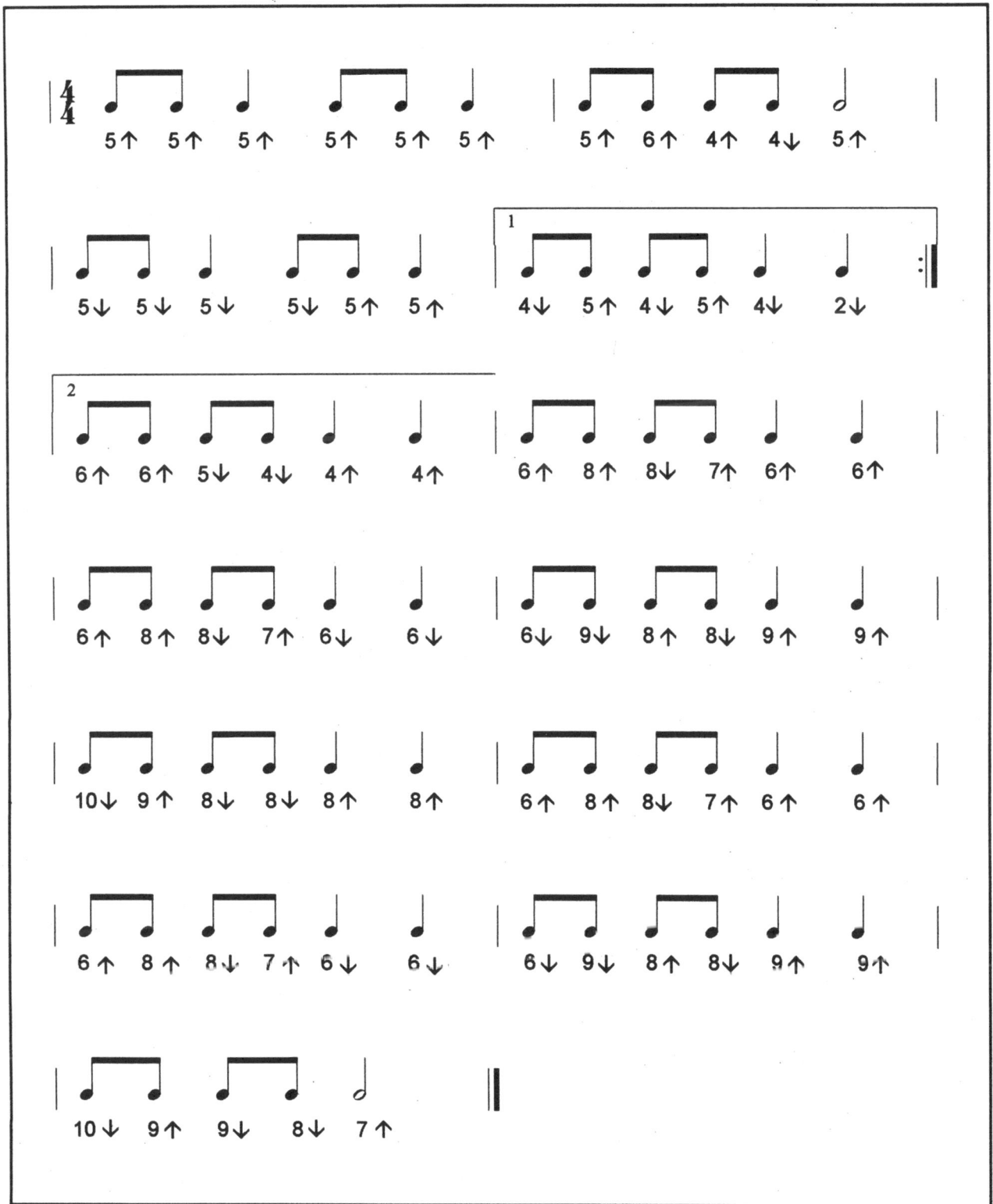

CANÇÃO DA DESPEDIDA

G. Burns

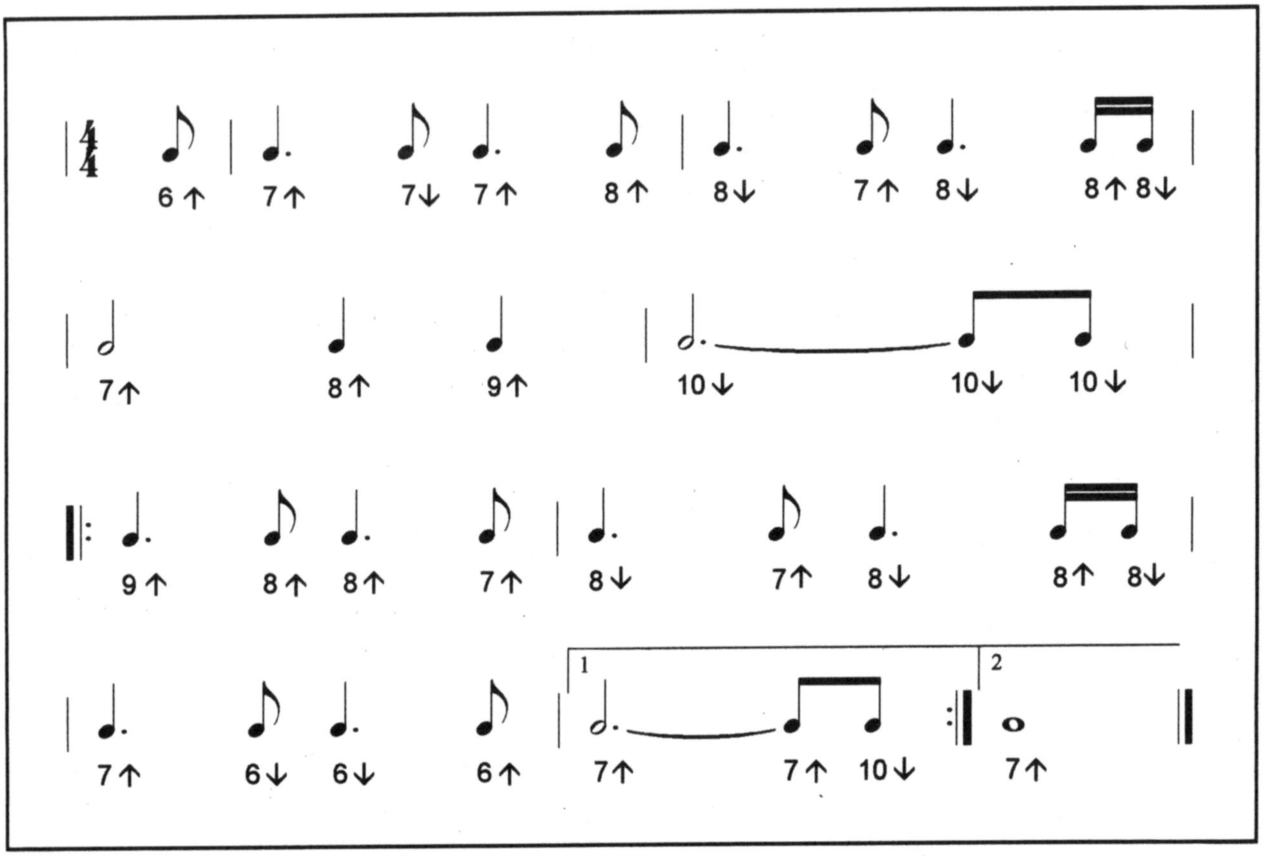

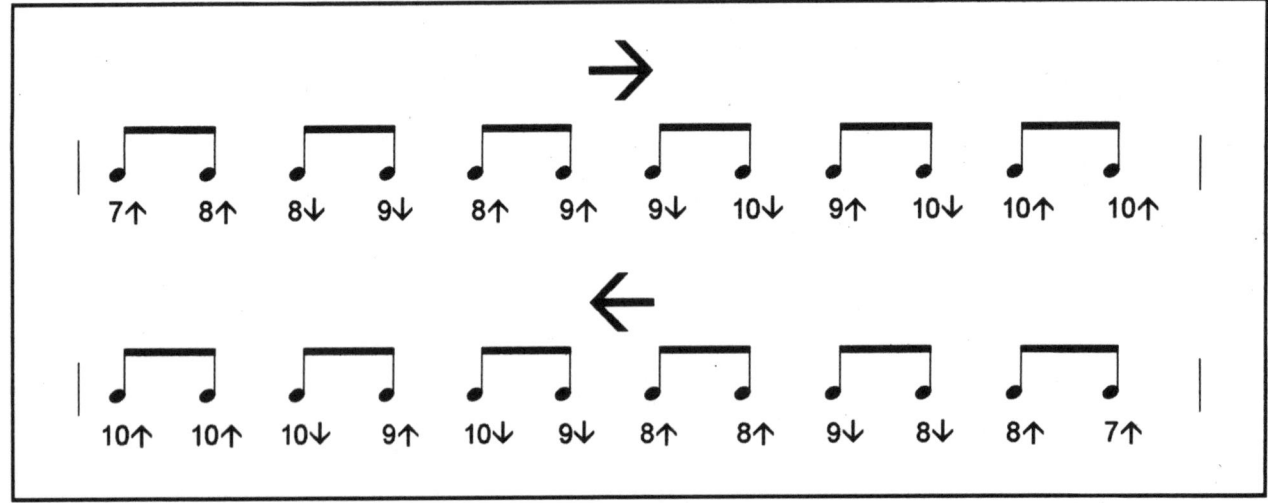

EXERCÍCIO PARA DESENVOLVIMENTO TÉCNICO

Respiração Nasal

- Quando estiver tocando e houver falta de ar, respire também pelo nariz, quando houver uma ou mais notas aspiradas.

- Quando houver acúmulo de ar, solte o ar pelo nariz, quando houver uma ou mais notas sopradas.

EXERCÍCIO PARA DESENVOLVIMENTO TÉCNICO

→

4↑ 4↓ 5↑ 4↑ 4↓ 5↑ 5↓ 4↓ 5↑ 5↓ 6↑ 5↑

5↓ 6↑ 6↓ 5↓ 6↑ 6↓ 7↓ 6↓ 6↓ 7↓ 7↑ 6↓

7↓ 7↑ 8↓ 7↓ 7↑

←

7↑ 7↓ 6↓ 7↑ 7↓ 6↓ 6↑ 7↓ 6↓ 6↑ 5↓ 6↓

6↑ 5↓ 5↑ 6↑ 5↓ 5↑ 4↓ 5↓ 5↑ 4↓ 4↑ 5↑

4↓ 4↑ 3↓ 4↓ 4↑

1º - fazer 1 nota por tempo

2º - fazer 4 notas por tempo

LUAR DO SERTÃO

Catulo da Paixão Cearense

O BIFE

Arthur de Lulli

| 3/4 | 6↑ 6↑ 6↑ | 6↑ 6↓ 6↑ | 6↑ 6↑ 6↑ | 6↑ 6↓ 6↑ |

| 7↓ 7↓ 7↓ | 7↓ 6↓ 7↓ | 7↑ 7↑ 7↑ | 7↓ 7↓ 6↓ |

| 6↑ 6↑ 6↑ | 6↑ 6↑ 6↑ | 6↑ 6↑ 6↑ | 6↑ 6↑ 6↑ |

| 7↓ 7↓ 7↓ | 7↓ 7↓ 7↓ | 7↑ 7↓ | 7↑ 8↑ |

| 8↓ 7↑ | 7↓ 6↓ | 6↑ 6↑ | 6↑ 6↓ 6↑ |

| 5↓ 5↓ 5↓ | 5↓ 6↑ 5↓ | 5↑ 5↑ 5↑ | 5↑ 5↓ 6↑ |

| 6↓ 6↓ 6↓ | 6↓ 7↓ 6↓ | 6↑ 6↑ 6↑ | 6↑ 6↑ 6↑ |

| 7↓ 7↓ 7↓ | 7↓ 6↓ 7↓ | 7↑ 7↓ | 7↑. :||

Método para Gaita Diatônica — Luiz Marcondes

BOOGIE MIX
(versão adaptada)

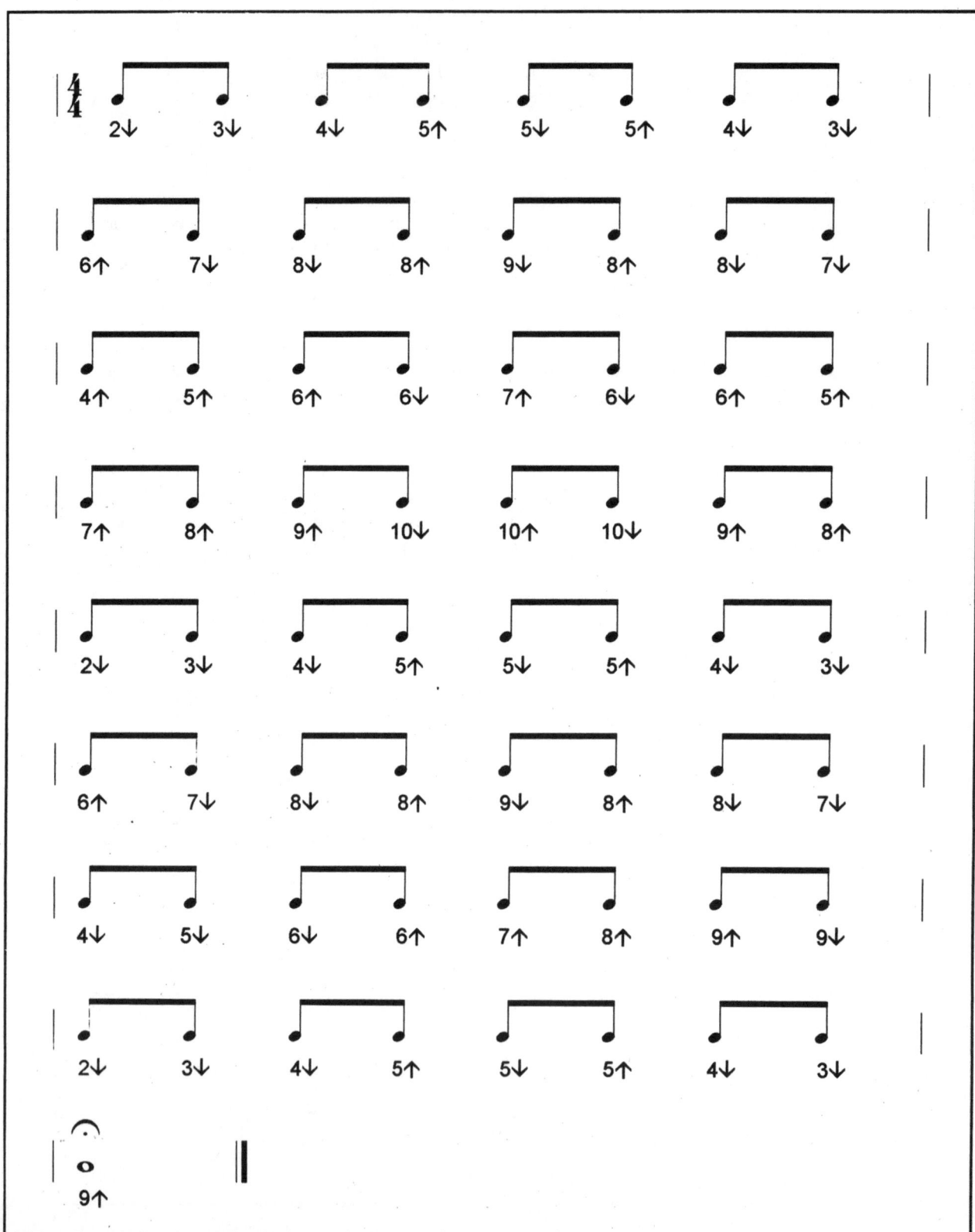

Efeito Balanço de Cabeça

Este efeito é conseguido através do movimento rápido da sua cabeça (esquerda - - - direita), usando sempre duas notas sopradas ou duas notas aspiradas.

EXEMPLO:

4↓ - - - 5↓

DICA: aspire a 1ª nota - passe para a 2ª nota lentamente sem brecar a aspiração - volte à 1ª nota - continue o movimento e aumente a velocidade aos poucos, até que se torne um movimento rápido e contínuo.

EXERCÍCIO

→

| 2↓ - - - 3↓ | 4↑ - - - 3↑ | 4↓ - - - 3↓ | 5↑ - - - 4↑ |
| 5↓ - - - 4↓ | 6↑ - - - 5↑ | 6↓ - - - 5↓ | |

←

| 6↓ - - - 5↓ | 6↑ - - - 5↑ | 5↓ - - - 4↓ | 5↑ - - - 4↑ |
| 4↓ - - - 3↓ | 4↑ - - - 3↑ | 3↓ - - - 2↓ | |

Obs.: fazer em tempo moderado e permanecer 4 tempos em cada (o)

O efeito *Balanço de Cabeça* pode ser usado simultaneamente com o efeito Wah - Wah, conseguindo-se assim um novo som na Gaita.

RIFF DE BLUES COM WAH - WAH E BALANÇO DE CABEÇA

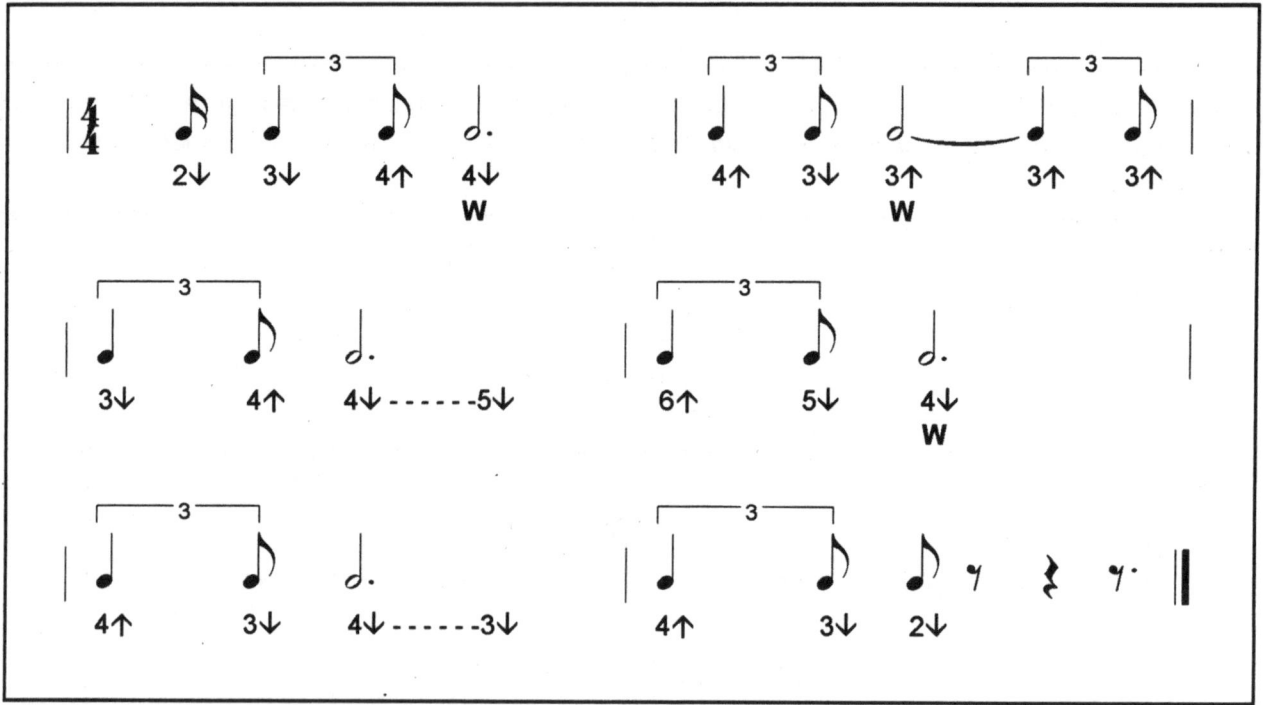

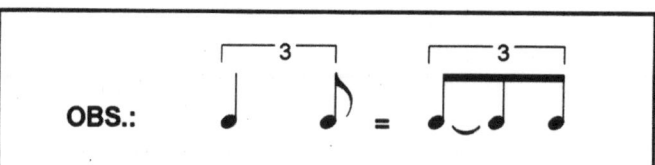

OBS.:

QUINDARO HORNPIPE

Samon Hornpipe

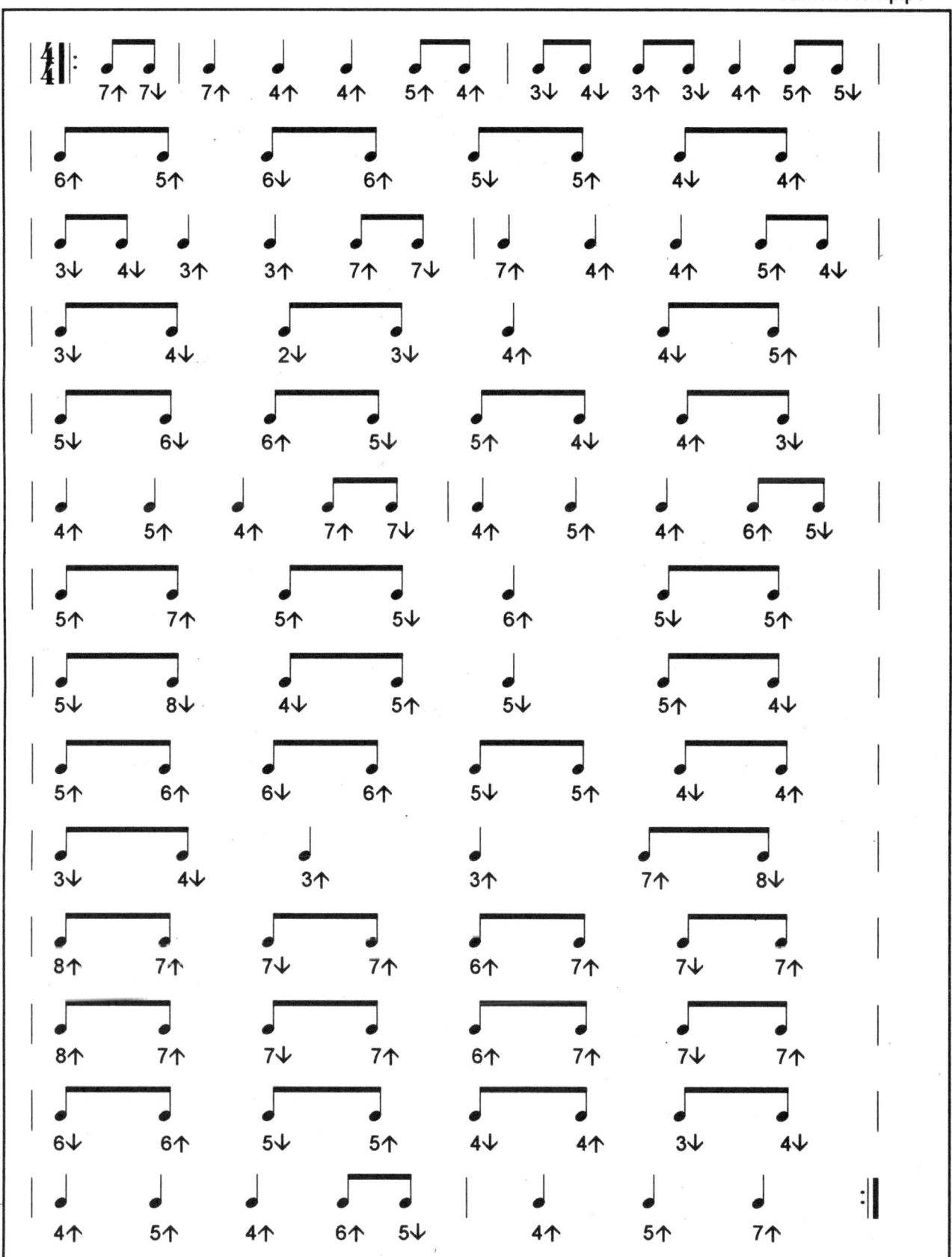

SHUFLE BLUES
Blues Tradicional

TEMA DE BLUES

Adaptação - Luiz Marcondes

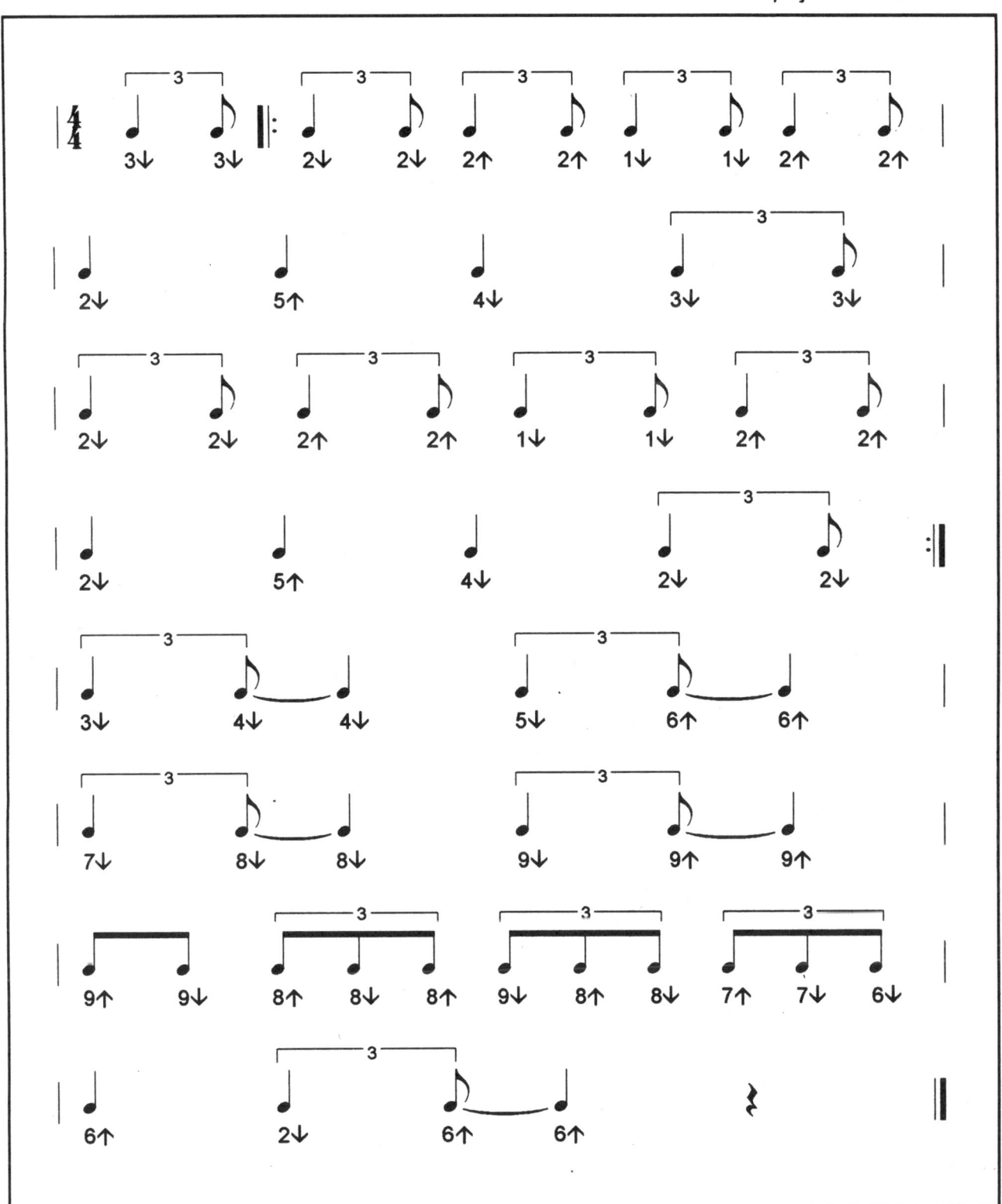

MÉTODO PARA GAITA DIATÔNICA

1º volume

1. Iniciação Musical
2. A Gaita Diatônica
3. Escala Folk
4. Escalas (outras)
5. Clichês e Riffs
6. Exercícios para Desenvolvimento Técnico
7. Músicas Tradicionais Brasileiras
8. Músicas Tradicionais Norte Americanas
9. Ênfase em Efeitos (mão, língua e garganta)
10. Percepção Musical

2º volume

1. Cromatização da Gaita Diatônica (Bend Note)
2. Efeitos (outros) - oitavas, vibrato gutural, etc.
3. Introdução à Gaita Cromática
4. Posição Cross Harp
5. Estrutura do Blues
6. Usos dos Efeitos
7. Frases e Clichês no Blues
8. Posição das Escalas Tocadas no Blues, Rock e Jazz
9. Ênfase em Músicas (Blues, Jazz e MPB)
10. Técnicas de Improvisação
11. Afinação do Instrumento